RAPPORT

SUR

L'ÉTABLISSEMENT D'UNE USINE A GAZ

A MAMERS

Présenté au Conseil d'hygiène publique et de salubrité de l'arrondissement

Par le Dr BRINDEJONC.

SÉANCE DU 19 OCTOBRE 1865.

MAMERS

IMPRIMERIE DE JULES FLEURY

—

1865

RAPPORT

SUR

L'ÉTABLISSEMENT D'UNE USINE A GAZ

A MAMERS,

Présenté au Conseil d'hygiène publique et de salubrité
de l'arrondissement

par le Dr BRINDEJONC.

SÉANCE DU 19 OCTOBRE 1865.

Messieurs,

Le Conseil d'hygiène dans sa séance du 10 octobre m'a chargé d'examiner les pièces qui lui ont été présentées relativement à l'emplacement d'une usine à gaz pour la ville de Mamers ; et de lui faire un rapport à ce sujet.

Le dossier se compose :

1° De la délibération du Conseil municipal de la ville de Mamers en date du 30 août 1865 qui autorise M. le Maire à faire l'acquisition d'une portion de la prairie dite le Parc, numéro 134, section A du plan cadastral, à l'effet d'y établir une usine à gaz ;

2° Du procès-verbal d'estimation de la portion de terrain à acquérir, dressé par M. Duval, architecte, à la requête de M. le Maire. L'étendue du terrain à acquérir y est fixée à quarante ares quatre-vingt-quinze centiares ;

3° Du plan des abords de l'emplacement de l'usine projetée ;

4° Du procès-verbal de l'enquête de *commodo* et *incommodo*, ouverte le 15 septembre dernier et close le 30 septembre à la mairie de Mamers, par M. Antoine Eigenschenck, juge de paix, commissaire enquêteur ;

5° D'une pétition annexée au procès verbal d'enquête déposée par M. Dallier, fabricant de produits chimiques à Bordeaux, propriétaire d'une maison à Jaillé ;

6° De l'avis motivé de M. le commissaire enquêteur. Cet avis est favorable à l'établissement de l'usine au lieu désigné.

L'importance de la question à examiner va nous obliger, Messieurs, à entrer dans quelques détails.

Nous examinerons d'abord si le terrain choisi par M. le Maire de Mamers est convenable pour l'établissement d'une usine à gaz.

Nous examinerons ensuite les oppositions qui se sont produites.

Enfin nous indiquerons les conditions qui nous paraissent nécessaires pour l'autorisation de l'établissement projeté.

Situé au nord de la ville, le terrain choisi pour l'usine à gaz borde la rivière la Dive qui pourra fournir l'eau nécessaire sans la prendre à nos fontaines.

Au nord de ce terrain se trouvent des prairies ; au midi, un vaste enclos, planté de grands arbres ; à l'est, la rivière et des jardins ; à l'ouest, un chemin vicinal et de l'autre côté du chemin le cimetière de Mamers.

Cet emplacement se trouve donc dans des conditions d'isolement qu'il est difficile de trouver ailleurs à Mamers.

Enfin, il est une considération importante que fait ressortir fort judicieusement M. le Commissaire enquêteur c'est que « le cimetière communal qui n'est séparé du terrain à acqué-rir que par le chemin vicinal dit de la Grille sera toujours un obstacle à l'extension de la ville de ce côté et que sous ce rapport l'usine à gaz ne saurait être mieux située. »

L'emplacement choisi sera donc toujours dans des conditions bien meilleures que dans les grandes villes qui nous avoisinent: Alençon, le Mans, où les établissements se trouvent, par suite d'agrandissement, placés maintenant dans des quartiers populeux.

Pour que nous puissions nous rendre compte des causes d'insalubrité qui resultent de la fabrication du gaz et de l'efficacité des moyens employés pour assainir cette industrie il est nécessaire d'indiquer sommairement comment se fait le gaz.

Le gaz de l'éclairage s'obtient habituellement en calcinant la houille. Cette calcination se fait dans de grandes cornues cylindriques de fonte, placées parallèlement au-dessus d'un même foyer. Chaque cornue est percée sur le devant d'une ouverture fermée par une plaque de fonte. Par cette ouverture on introduit la houille. A la partie supérieure de la cornue se trouve le tuyau qui donne issue au gaz. On chauffe alors les cornues (le combustible employé dans l'usine projetée sera le coke); le gaz se distille et l'on a pour résidu le coke que l'on éteint avec de l'eau.

Le gaz produit par la distillation se compose principalement d'hydrogène protocarboné, d'hydrogène bicarboné, d'oxide de carbone, d'acide carbonique, de matières huileuses, de produits ammoniacaux et sulfurés, et de goudron.

A cet état il répandrait une odeur fétide ; il est donc nécessaire de le purifier. Pour cela le gaz est amené, au sortir de la cornue, dans un barillet en partie rempli d'eau où le goudron se condense. Ce goudron est conduit par des tuyaux dans une citerne exactement fermée. Il en est de même des eaux ammoniacales que dépose le gaz au sortir du barillet en traversant une série de tubes refroidis. Le gaz traverse ensuite des caisses contenant de la chaux hydratée qui absorbe les gaz sulfhydriques, l'acide carbonique, etc., puis il est recueilli dans les gazomètres. Les gazomètres sont de grandes cloches de tôle renversées dans des cuves en maçonnerie hydraulique et remplies d'eau. Le poids du gazomètre est équilibré par des contrepoids qui ne lui laissent que la pesanteur nécessaire à la pression qu'exige la distribution du gaz aux becs que le gazomètre doit alimenter.

Ainsi, dans la fabrication du gaz, il se produit du goudron, des eaux ammoniacales et différents gaz, qui dans l'épuration, se mélangent à la chaux hydratée. Voilà les produits dont il faut se débarrasser.

Nous n'avons pas, Messieurs, à nous préoccuper longuement de cette partie de la question. Elle est réglée par les articles 11 et 12 de l'Ordonnance Royale du 27 janvier 1846. 4e et 5e des conditions à imposer (1). Dans toutes les villes où fonctionnent des usines à gaz cette ordonnance est observée et elle devra l'être à Mamers.

(1) Page 13.

D'ailleurs, le goudron a une valeur commerciale assez grande ; les eaux ammoniacales servent dans l'industrie ; elles peuvent en outre comme la chaux hydratée être employées avec avantage pour l'agriculture.

Nous avons donc à cet égard une double garantie : la loi et l'intérêt de l'entrepreneur.

Aucune eau malsaine ne sera donc versée dans la rivière et les puisards que l'on fera dans l'usine ne devront recevoir que les eaux qui ne contiendront aucunes des substances qui viennent d'être énumérées.

Examinons maintenant, Messieurs, les oppositions qui ont été faites lors de l'enquête.

1° M. Élie de Tascher, propriétaire d'une maison, dite les Bains, située assez près de l'établissement, dans un jardin à l'est, déclare par le ministère de M° Legendre-Pierre, huissier à Mamers « que propriétaire d'une maison de seconde classe « pour Mamers, sa maison deviendrait inhabitable si l'on « établit l'usine à gaz dans l'emplacement projeté. La fumée « qui s'échapperait de la cheminée et les odeurs délétères qui « accompagnent toujours les établissements de cette nature, « et par-dessus tout les dangers d'une explosion chasseront les « occupants de sa maison. M. de Tascher ne peut donner son « assentiment à un projet qui lui impose une expropriation « véritable ; »

2° M. Bédier, propriétaire d'un lavoir public dit de la Rogne, situé à 300 mètres au nord, déclare s'opposer à l'établissement projeté « parce que la fumée épaisse produite par « la combustion de la houille ou de toute autre matière desti-

« née à la production du gaz, s'attache en sortant de la che-
« minée aux objets environnants et les noircit singulièrement; »

3° M. Dallier, propriétaire à Jaillé, à près de 200 mètres de distance, au nord-est, a déposé une pétition adressée à M. le Sous-Préfet de Mamers et dans laquelle il expose que « le terrain
« que la ville se propose d'acquérir pour y placer son usine
« à gaz ne paraît pas remplir les conditions voulues par la loi
« pour ce genre d'établissements. Une usine à gaz dans cette
« situation serait trop rapprochée d'un grand nombre d'habi-
« tations qui seraient extrêmement incommodées d'un pareil
« voisinage et malgré toutes les précautions qu'on pourrait
« prendre il s'en exhalerait toujours des odeurs fort désa-
« gréables et insalubres. Le terrain est aussi trop bas compara-
« tivement aux habitations voisines, et quelqu'élevée que
« soit la cheminée elle ne le sera jamais assez pour empêcher
« la fumée de tomber sur les habitations et de pénétrer dans
« les maisons.

« Comment fera-t-on en outre pour se débarrasser des eaux
« qui auront servi à la fabrication du gaz ? Les versera-t-on à
« la rivière ? Une eau empoisonnée traversera toute la ville,
« les abreuvoirs ne seront plus possibles ; si on les perd sous
« la terre, dans peu de temps une grande étendue de terrain
« sera saturé d'un liquide qui détruira toute la végétation et
« les arbres.

« Une autre raison qui doit aussi être prise en considération
« contre ce projet c'est qu'il existe dans le quartier une indus-
« trie importante qui ne peut-être déplacée et qui se trouvera
« détruite par l'usine à gaz ; ce sont les lavoirs et les séchoirs

« sur la rivière et sur le vivier de M. de Tascher. Comment en
« effet faire sécher du linge auprès d'une usine d'où il tombera
« presque constamment une pluie de suie. C'est pourtant dans
« ce quartier que les habitants viennent chercher la plus belle
« eau pour laver le linge et le faire sécher. »

Cette protestation, Messieurs, est suivie de trente et quelques signatures. Avant d'examiner les objections faites à l'établissement projeté, voyons d'abord la valeur des signatures recueillies par M. Dallier. Voici ce qu'en pense M. le Commissaire enquêteur dans son avis :

« Considérant que les oppositions ou réclamations qui se
« sont produites pendant l'enquête émanent des proprié-
« taires qui sont loin d'être intéressés au même titre et qui
« même pour la plupart, on peut le dire, n'ont aucun intérêt
« dans la circonstance. »

Cette appréciation est parfaitement exacte attendu que les signataires de la pétition de M. Dallier sont presque tous très-éloignés du terrain en question, et que plusieurs n'ont aucune propriété à défendre.

Passons maintenant aux objections faites par les opposants. Elles se résument sous les chefs suivants :

1° Inconvénients de la fumée ;

2° Inconvénients de l'écoulement dans la rivière des liquides de l'usine ;

3° Dangers d'explosion du gazomètre ;

4° Inconvénients de l'odeur.

Dans l'usine projetée, le coke devra seul être employé comme combustible. Or, vous le savez, Messieurs, la combustion du coke ne donne pas de fumée.

L'objection est donc sans valeur. Nous n'aurons donc à craindre ni la fumée qui tomberait sur les habitations et qui pénétrerait dans les maisons, ni cette pluie de suie qui doit tomber presque constamment d'après M. Dallier.

La haute cheminée des usines à gaz m'a dit le directeur d'Alençon, à l'obligeance du quel je dois les renseignements les plus complets, ne sert qu'à l'aérage pour activer la combustion ; mais il n'en sort pas de fumée comme j'ai pu le constater pendant plus d'une heure.

Les propriétaires des lavoirs sont donc complétement désintéressés dans la question.

Comment fera-t-on pour se débarrasser des eaux qui auront servi à la fabrication du gaz ? demande M. Dallier, fabricant de produits chimiques. On devra faire ce qui est prescrit par l'Ordonnance du 27 janvier 1846 ; ce qui se pratique dans toutes les usines à gaz. On les enlèvera. Aucun de ces liquides ne sera jeté dans la rivière. Les usines à gaz fonctionnent depuis longtemps dans les grandes villes ; la Loi en a réglé les conditions d'une façon parfaite.

Une eau empoisonnée ne traversera donc pas la ville : les abreuvoirs seront possibles, comme par le passé.

Autant que qui que ce soit, nous sommes désireux de conserver à Mamers ce trop petit cours d'eau que l'on appelle la Dive. C'est une grande ressource pour notre population. Si nous avons été heureux de voir choisir ailleurs l'eau qui alimente nos fontaines afin de conserver la Dive à nos abreuvoirs, à nos lavoirs et surtout à nos usines, ce n'est pas pour la sacrifier à une usine à gaz, si avantageux que cet établissement doive être pour notre ville.

Puisque la rivière ne recevra pas les liquides provenant de la fabrication du gaz l'objection est nulle.

Quand aux dangers d'explosion du gazomètre dont se préoccupe le mandataire de M. Élie de Tascher, il sont à peu près nuls. Voici à cet égard l'opinion de M. le Dr Tardieu dont la compétence sur la matière est incontestable :

« Le danger d'explosion du gazomètre a été fort exagéré.
« Pour que l'hydrogène carboné d'un gazomètre puisse faire
« explosion, il faut qu'il contienne au moins sept fois son
« volume d'air atmosphérique, ce qui, suivant la remarque de
« MM. de Montfalcon et de Polinière, est impossible dans
« toutes les éventualités. (Dictionnaire d'hygiène publique,
« tome 2, page 42.) »

Restent enfin, Messieurs, les inconvénients de l'odeur. Ils ont été aussi fort exagérés. L'usine à gaz répand une légère odeur de goudron; odeur désagréable peut-être, mais qui n'est ni insalubre ni délétère. D'ailleurs cette odeur est presque nulle par suite des prescriptions de la Loi.

Le mandataire de M. Élie de Tascher, mieux éclairé sur les détails de la fabrication du gaz pourra donc se convaincre que le projet ne lui impose pas *une expropriation véritable.* Ce qui le prouve c'est que la maison de M. Élie de Tascher vient de trouver un locataire malgré les bruits faux que l'opposition routinière et intéressée a pu répandre.

Je ne parlerai pas de l'objection de M. Dallier que l'usine

à gaz dans cette situation serait trop rapprochée d'un grand nombre d'habitations. On a pu voir au contraire à propos du choix du terrain que l'emplacement se trouve dans des conditions d'isolement qui sont exceptionnelles.

D'après les considérations qui précèdent, votre rapporteur a l'honneur de vous proposer les conclusions suivantes :

Le Conseil d'hygiène publique et de salubrité de l'arrondissement de Mamers,

Vu le plan des abords de l'usine à gaz projeté pour la ville de Mamers, dans une portion de prairie dite le Parc, n° 134, section A du plan cadastral,

Vu l'avis favorable et sérieusement motivé du commissaire enquêteur,

Vu l'Ordonnance Royale du 27 janvier 1846 qui réglemente la matière,

Considérant que les oppositions formées contre l'établissement de l'usine à gaz au lieu projeté sont fondées sur l'ignorance ou la fausse interprétation des opérations de la fabrication du gaz ;

Considérant que l'emplacement choisi par M. le Maire de Mamers se trouve dans une situation favorable,

Est d'avis

Que l'établissement d'une usine à gaz pour la ville de Mamers soit autorisé dans la portion de terrain désignée, aux conditions suivantes :

1° Les ateliers de distillation, séparés des autres, seront

couverts en matériaux incombustibles et ventilés d'une manière convenable par des ouvertures pratiquées à la partie supérieure des toits ;

2º Le coke sera le seul combustible employé pour le chauffage des fourneaux ;

3º Les appareils de condensation devront être établis en plein air, ou dans des bâtiments ventilés à la partie supérieure à moins que la condensation ne s'opère dans des tuyaux enfouis sous le sol. Le gaz ne sera jamais conduit des cornues dans le gazomètre sans passer par les épurations ;

4º Les eaux ammoniacales et le goudron produits par la distillation, qu'on n'enleverait pas immédiatement, seront déposés dans des citernes exactement closes et étanches, et dont la capacité ne devra pas excéder 4 mètres cubes.

Ces citernes seront construites à bain de mortier hydraulique et enduites d'un ciment pareillement hydraulique ; elles devront être placées sous des bâtiments couverts ;

5º Les goudrons, les eaux ammoniacales, et les laits de chaux, ainsi que la chaux solide sortant des ateliers d'épuration, seront enlevés immédiatement dans des vases ou dans des tombereaux hermétiquement fermés ;

6º L'usine pourra n'avoir provisoirement qu'un gazomètre. Il devra être d'une capacité suffisante pour les besoins de la ville. Un second gazomètre devra être établi dès qu'il sera jugé nécessaire par l'autorité municipale.

Ces gazomètres seront construits conformément à l'Ordonnance du 27 janvier 1846 ;

7° La hauteur de la cheminée du fourneau sera de 20 mètres;

8° Le coke sera éteint à la sortie des cornues. On ne devra pas employer pour l'extinction du coke les eaux provenant de la distillation ou de l'épuration du gaz;

9° Pour tout ce qui n'est pas spécifié dans les articles qui précèdent l'entrepreneur devra se conformer aux prescriptions de l'Ordonnance Royale du 27 janvier 1846.

Mamers, le 16 octobre 1865.

Le Rapporteur,

E. BRINDEJONC,

D. M. P.

Le Conseil, après la lecture de ce rapport, déclare à l'unanimité en accepter les conclusions.

Il vote des remercîments à M. le Dr Brindejonc; et dit que le rapport et la présente délibération seront imprimés et distribués dans la ville de Mamers.

Arrêté en séance, le 19 octobre 1865.

Et ont signé :

Messieurs

Dausse, sous-préfet, président; Augier, maire de Mamers; Brebion, docteur-médecin; Blondeau, docteur-médecin; Charron, pharmacien; Lasseur, pharmacien; Audelin, pharmacien; Mauny, vétérinaire; Pélisson de Gennes, propriétaire; Mortagne, conducteur des ponts et chaussées, faisant fonctions d'ingénieur; Dupont, substitut du procureur impérial et Richard, agent voyer d'arrondissement.